Entre Art et littérature. Tome 2

Impressions urbaines.

« Pour résumer, les procédures de feuilletage impliquent simultanément le visualisé et la tactilité, l'ordre et le désordre dans des espaces plastiques uchroniques; elles aident ainsi à comprendre aujourd'hui par l'art la complexité des dispositifs de production des symboles visuels, désormais absorbés par l'organisation mondiale du commerce et de l'industrie».

Jean Arnaud, *L'espace feuilleté dans l'art moderne et contemporain*, Aix-en-Provence, Presses Universitaires de Provence, 2014.

© 2017, Martine Schnell
Edition : BoD - Books on Demand
12/14 rond-point des Champs Elysées, 75008 Paris
Imprimé par Books on Demand GmbH, Norderstedt, Allemagne
ISBN : 9782322158126
Dépôt légal : juin 2017

Le lecteur trouvera dans ces pages diverses réflexions portant sur plusieurs expositions d'art contemporain au *Séchoir* de Mulhouse, de septembre 2015 à juin 2016.

L'auteur

Éditrice indépendante, fondatrice des Éditions Schnelltrad, traductrice et formatrice à Mulhouse. Docteur en études germaniques de l'université de Haute-Alsace et de l'université de Leipzig; Membre de l'Institut de langues et littératures européennes de l'université de Haute-Alsace. Recherches en cours sur l'intertextualité entre la littérature et l'art.

Thèse sur l'écrivain allemand Christa Wolf. (2003). Publications sur la littérature de RDA: *Lecture plurielle de l'œuvre de Christa Wolf*, Stuttgart: Ibidem-Verlag, 2004. A partir de 2012, *Autour de Christa Wolf,* collection d'ouvrages consacrés à Christa Wolf, aux Editions BOD et aux Editions Schnelltrad.

En 2015, *Entre art et littérature. De l'art de la traduction. Approches artistiques au travers de diverses expositions mulhousiennes* est le premier ouvrage dédié à une collection consacrée aux approches artistiques contemporaines.

Martine SCHNELL

Entre Art et Littérature.

Impressions urbaines. Approches artistiques au travers de diverses expositions au Séchoir de Mulhouse.

Editions Schnelltrad 2017

SOMMAIRE

Introduction (p.11)

«Faire son Einstein» ou l'exposition «TOUT EST REL-ART-IF» (p.13)

Le peintre André Maïo «fait son cirque» (p.21)

Carte blanche à François Bruetschy (p.27)

«La grammaire de la pluie» de Vincent Schueller (p.31)

L'exposition AD LIBIDO ou la sexualité comme source de création (p.35)

Interventions d'André Lozano sur l'art numérique et de la sociologue Patricia Legouge sur la sociologie de la sexualité (p.42-51)

Vues urbaines: entre médium de portraits féminins, street art et pop art. L'exposition personnelle de Barbara Farina (p.53)

Latitudes urbaines vs. «Latitudes singulières» (p.61)

Une histoire d'eau urbaine: L'exposition «Nos eaux imaginaires» de Sandrine Bringard (p.65)

«Pérégrinations» et «Zooms urbains» à la recherche des villes invisibles dans l'esprit d'Italo Calvino (p.71)

Conclusion (p.76)

INTRODUCTION

La saison 2015/2016 du *Séchoir*, Centre d'art contemporain à Mulhouse, a été très riche et fructueuse. C'est pourquoi, je souhaite vous faire partager mes découvertes, au cours de mes visites de septembre 2015 à juin 2016.

C'est également l'occasion de remercier vivement Sandrine Stahl, Présidente du *Séchoir*, Matthieu Stahl et toute l'équipe des artistes pour leur travail. Dans un premier temps, diverses expositions collectives ont été présentées, associant divers artistes, travaillant sur une même thématique.

Ainsi, à la suite d'un appel a projets, le *Séchoir* a commémoré le centenaire de la théorie de la relativité. En outre, deux autres expositions avaient pour thèmes la sexualité pour l'une et les paysages pour l'autre. Enfin, deux autres expositions collectives ont abordé le thème de la photographie.

Dans un second temps, plusieurs artistes ont fait découvrir leurs travaux à l'occasion d'expositions personnelles. Ce fut le cas d'André Maïo, François Bruetschy et Vincent Schueller de septembre à décembre 2015.

Au printemps 2016, la peintre d'origine italienne Barbara Farina et la céramiste Sandrine Bringard ont pris le relais.

Toutes ces expériences hétéroclites mettent en avant diverses approches artistiques. Celles-ci questionnent le quotidien et l'interpellent. Le thème de l'urbain étant sous-jacent à l'ensemble des expositions, il sera notre fil conducteur.

Mulhouse, le 1er mai 2017.

Martine Schnell

«Faire son Einstein» ou l'exposition «TOUT EST REL-ART-IF».

La thématique est dans le jeu de mots de la dénomination de cette exposition, qui s'était déroulée du 11 septembre au 18 octobre 2015, à l'occasion du bicentenaire de la publication de la Théorie de la relativité générale d'Einstein. Suite au lancement d'un appel à projet sur cette thématique, en juillet 2015, le *Séchoir* a sélectionné les artistes suivants: Julien Amillard, François Carbonnier, Chéni, Carole Ecoffet et Marc Thébault ∂mc, Heidi Kuhl, Lab'Eponyme, OtO, Axelle Ruffenach, Hervé Spycher, Matthieu Stahl, Sandrine Stahl, Sophie Tschieber, Anthony Vest.[1]

$E=MC^2$. Les termes de «temps», «espace», «lumière», «énergie», «point de vue», «masse» constituent des jalons, dont nous allons suivre le chemin. Les œuvres nous transportent dans une autre dimension, une autre réalité.

---

[1] Les artistes présentent leurs œuvres dans une vidéo mise en ligne sur YouTube, par Sandrine Stahl . Il y a également un article intéressant relatif à l' exposition sur le site www.baleenfrançais.ch

Le «temps»:

La notion de «perte de temps» est présente dans une installation de Sophie Tschiember, musicienne intervenante, faisant penser à un ensemble de perfusions en milieu hospitalier. En fait, dans cette œuvre nommée «Distorsion», chaque goutte est une musique différente, selon l'artiste. L'écoulement incessant des gouttes met en relief la relativité et le caractère infini et éternel dans la distorsion du temps. La relativité est très importante en musique et les différentes conduites et sons le démontrent dans l'œuvre, créée pour l'exposition.

Une autre œuvre intitulée «Douze am/pm» s'intéresse au temps et a été conçue par Matthieu Stahl. En montrant douze montres à l'heure identique, l'œuvre démontre la rotation des aiguilles et le déroulement infini du temps. Un fil bleu et rouge symbolise la rotation. On peut être dans un endroit avec beaucoup de personnes, qui n'ont pas la même conscience du temps, au même moment. Ainsi, l'artiste s'est approprié la théorie de la relativité, en concevant un objet.

La «lumière» et «l'espace»:

La lumière est une notion relativement présente dans une œuvre nommée «Dispositif simple», une sorte de périscope, conçu par l'artiste mulhousien Anthony Vest, auteur de dessins pluridisciplinaires. Le dispositif est accolé à la fenêtre du local du *Séchoir* permettant d'apercevoir le paysage extérieur de manière déformée.

A son arrivée, le visiteur de l'exposition peut voir une planche surmontée de bois, faisant office d'une sorte d'observatoire. Elle est placée symétriquement à la fenêtre, laissant entrer la lumière, et l'œuvre constituée de dessins au mur, fait penser à un paysage montagneux. C'est le graphiste Vincent Rouby, alias OtO, qui est l'auteur de cette fresque, longue de cinq mètres, intitulée «Livre minéral». Suite à une promenade dans les alpes, où l'on peut trouver des lapiaz, tapissés de fossiles, moules, oursins, huîtres, il a trouvé l'inspiration, ce qui lui a permis de constituer un alphabet avec ces lapiaz. Puis, il a repris le texte d'Einstein sur la théorie de la relativité en le transcrivant dans cet alphabet. L'agencement de cette œuvre est très symétrique par rapport à la configuration du lieu. C'est une mise en espace.

Une autre œuvre constitue un labyrinthe. C'est une œuvre d'Hervé Spycher, qui nous présente la théorie des corps, à la suite de celle d'Einstein. Elle stipule la présence d'univers parallèles microscopiques. Elle est constituée de bâtonnets de bois comme des cigarettes ou allumettes, des croisements, des torsades, des bobines, représentant des particules. Ceci a un aspect d'art premier. Ceci remet en question la relativité de l'espace.

La relativité fait référence à Albert Einstein et au fait qu'il ait accepté que la vitesse de la lumière était une constante. Dans ce contexte, le collectif formé par la chercheuse au CNRS et physicienne Carole Ecoffet, en poste à l'Université de Mulhouse et l'artiste Marc Thébault se sont associés sous le label «∂cm», le «∂» symbolisant une dérivée, puis le «c» comme Carole et le «m» comme Marc. Ensemble, ils créent par leur dialogue réciproque, des œuvres entre art et science. Pour l'exposition, ils ont pensé une sorte de corde, qui représente l'espace d'un instant. Cette œuvre correspond à la distance parcourue par la lumière, dans cette matière, en une nanoseconde. Cet objet représente la vitesse de la lumière.[2]

L'artiste Heidi Kuhl avait fait la proposition de sept photos, à installer dans un complexe spatio-temporel. La photo, c'est l'instantanéité de l'espace-temps.

«Masse»:

La sphère de Sandrine Stahl, accrochée au plafond, est une masse, où sont parsemées des horloges, et qui

---

[2] Carole Ecoffet a également donné une conférence dans le cadre de l'exposition, intitulée *Rien n'est établi*. Cette conférence, mise en ligne par Sandrine Stahl le 23 novembre 2015, est visible sur YouTube.

symbolise la difficulté de synchronisation des horloges.[3] L'installation est dénommée «Chute libre». Elle s'inspire de la théorie de la relativité d'Einstein et a travaillé sur la notion de synchronisation des horloges. On peut aussi entrer dans cette œuvre par un son amplifié. Ce son fait penser à celui d'une échographie. C'est aussi un travail sur l'origine de la vie. Ceci a permis à l'artiste de s'interroger sur les liens entre l'infiniment grand et l'infiniment petit.

Un tableau représentant une pierre, nous est montré par Axelle Ruffenach. Après ses études à Strasbourg, cette jeune artiste de vingt-six ans, expose ses premières œuvres. L'œuvre exposée s'intitule «Roc» et date de 2013. Elle a commencé une masse et elle l'a grossie de plus en plus. Elle peut passer beaucoup de temps à concevoir une œuvre. Elle laisse le temps passer. C'est son corps, avec la douleur qui vient à force de travail, qui lui indique souvent que le temps passé est très long. L'œuvre semble représenter une pierre qui tombe. Mais l'artiste y voit une forme qui flotte. Elle veut que le visiteur y voit ce qu'il veut, et suit sa propre interprétation. Pour l'artiste, l'espace-temps est important,

---

[3] Cette œuvre a également été exposée à l'occasion de l'exposition de Sandrine Stahl en mai 2016, chez Peonia at Home, Chambres d'hôtes Mulhouse.

et elle ne le trouve pas, car elle est au centre de ses réflexions.

«Point de vue»:

La photographie de François Carbonnier, montrant un paysage forestier remet en question la notion de perspective et de lumière. Le photographe utilise la photographie argentique en noir et blanc. Il a ainsi trois photos successives avec des filtres colorés et il espace de manière délibérée le temps entre chaque vue. Ainsi, chaque prise de vue est «relative». En effet, sur les photos, nous avons des déplacements d'ombres et des décalages de couleurs et de mouvements. Le point de vue change selon la position du visiteur et selon sa morphologie. L'œuvre est suspendue avec du film fin, une autre allusion à la relativité et à la finesse du mouvement ainsi qu'à la théorie des cordes et à la théorie quantique. L'intéressé a une formation scientifique d'où son intérêt pour la thématique, car il place toujours son sujet par rapport à l'image dans ses travaux photographiques.

Deux autres installations permettent d'aborder la notion de point de vue. Tout d'abord, un ensemble de vitres, faisant effet de miroirs et reflets. C'est l'installation de l'artiste CHENI. Son œuvre s'intitule «la quatorzième expansion». Il la conçoit comme sensibilisation dans l'espace temps, dans le référentiel de l'observateur et lui permet de faire son propre schéma, en n'oubliant jamais la vitesse de la lumière et de l'information. Albert Einstein est mort le 18 avril 1955, un an, moins quatre jours, avant la naissance de CHENI. Cela forme le «14», ce qui explique le titre de l'installation.

Puis, on peut voir un présentoir contenant un ensemble de cartes, tel un répertoire dans une bibliothèque. C'est une œuvre de Julien Amillard. Il s'intéresse aux arts et à la littérature. Durant quelques années, il a interrogé la place du livre et du savoir dans le champ des arts plastiques. Il présente une installation faisant autant appel à l'écriture qu'à la performance. Son œuvre date de 2008 et s'intitule «Aube et crépuscule». C'est un ensemble de «flip-book» qui permettent de voir un dessin-animé. Nous avons deux séries, qui sont tirées de deux films réalisés en 2007. Il a filmé une image au même endroit à l'aube et au crépuscule. L'image a été imprimée et le book fait 48 pages. Les deux boîtes contenant les books, sont sur une espèce de boussole. Cet ensemble est petit et non accessible. Ceci symbolise le point de vue de la conservation du «temps» et des dimensions qui doivent être relativisées.

Le lab Eponyme propose une radio de type ancien modèle. Son installation s'intitule «Chronophonie». En effet, une radio qui marche sans arrêt peut produire des cacophonies. C'est particulièrement les notions de la lumière et du son qui ont suscité un intérêt. Mais cette installation reprend uniquement la notion du son et du temps qui passe.

Nous avons ainsi pu explorer le point de vue de l'univers et de la relativité. Tous ces aspects artistiques s'inspirent de la physique. Ce qu'à également démontré une conférence en relation avec cette thématique.

Le peintre André MAÏO «fait son cirque».

Du 11.09 au 10.10.2015, le peintre et guitariste André Maïo a exposé ses œuvres pour son exposition personnelle intitulée «Le grand cirque». André Maïo définit ses œuvres exposées comme «reflets de l'époque que je traverse en votre compagnie, mes œuvres se nourrissent d'influences très diverses». On peut en effet relever trois lignes directrices au sein de l'exposition. Nous allons donc explorer la thématique féminine, clownesque, labyrinthique et symétrique.

La thématique féminine :

André Maïo nous présente une sorte de caricature d'une femme dénudée, se cachant le sexe de ses mains. Elle semble être sur une planche de surf. Ce qui est marquant est l'absence de cheveux et la grandeur des yeux maquillés à outrance. Si les jambes évoquent ceux d'un squelette, la tête semble être celle d'un clown.

Ce qui frappe également est la présence d'un aquarium fictif dans l'espace d'exposition, derrière une vitre, représentant un fond bleu et des poissons. Cela n'a pas de rapport direct avec la féminité, mais l'eau symbolise la douceur féminine. Un autre tableau fait référence à un vitrail religieux.

La thématique clownesque

Une peinture abstraite bleue semble représenter un portrait, mais un texte est contenu dans l'œuvre. Ainsi la phrase suivante est très importante: «Le grand cirque quotidien». L'artiste trouve par conséquent son inspiration dans le quotidien. Ses portraits de clowns sont tristes ou joyeux. Certains reprennent des situations journalières, comme cet élève devant un tableau rempli d'opérations mathématiques, dont le visage est celui d'un clown. Son œuvre la plus marquante, intitulée «Clown aux yeux rouges» semble toutefois être celle d'un clown rieur et méchant à la fois.

La thématique labyrinthique et symétrique

D'autres œuvres sont plus abstraites et colorées. On y décèle souvent une sorte de labyrinthe. Que ce soit le labyrinthe de la ville ou des relations humaines et sociales, ces œuvres labyrinthiques et symétriques veulent délivrer le message de la complexité. Par ailleurs, une œuvre comprend notamment un mot inventé, celui de «libertégalité». Souvent, au sein du labyrinthe abstrait de l'oeuvre se trouve un mot comme «pagaille».

Pour aller plus loin...

L'œuvre d'André MAÏO reproduite page suivante[4], représente le centre ville de Mulhouse et son marché de Noël, la Place de la Réunion et le Temple St Etienne. Le labyrinthe symbolise sans doute les rues et les commerces fréquentés à cette époque. Ce labyrinthe donne une impression de chaos, où règne toutefois une hiérarchie ordonnée.

---

[4] La version originale est disponible en carte postale au *Séchoir*.

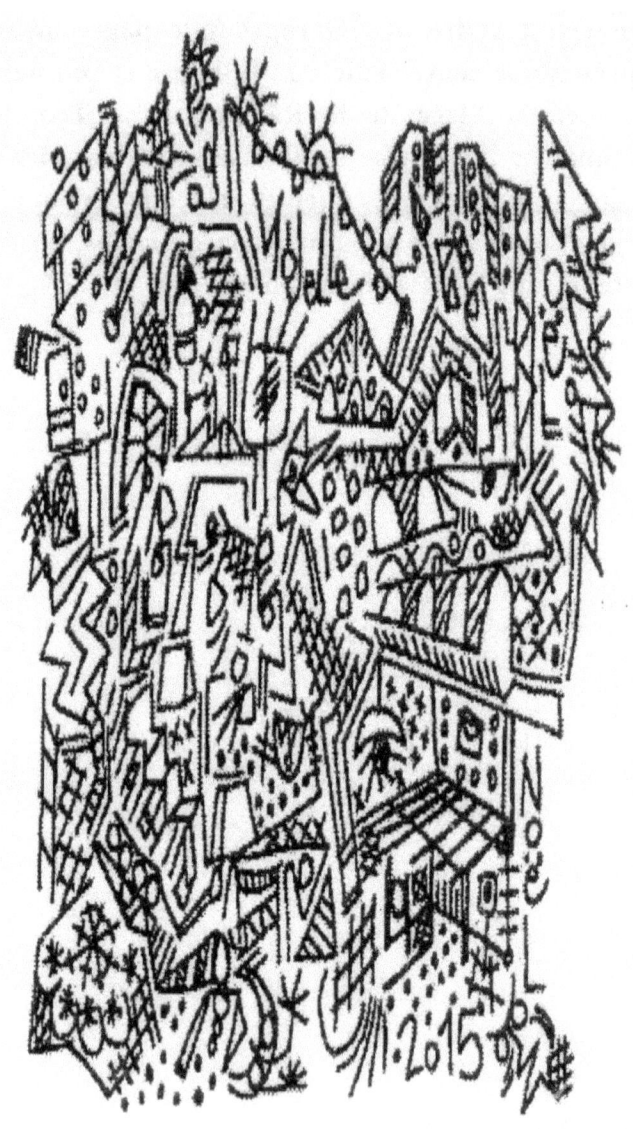

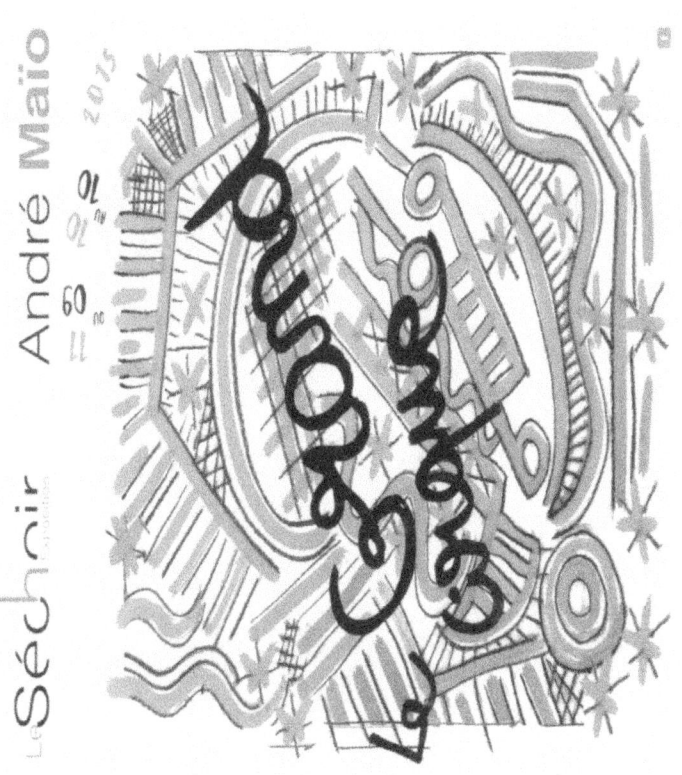

«Carte blanche» à François Bruetschy, le magicien des couleurs.

François Bruetschy est né en 1938[5]. Son exposition au *Séchoir* s'est déroulée du 6 novembre au 20 décembre 2015.

Architecte de formation et alsacien d'origine, il a grandi à Mulhouse. Il y a fréquenté l'Ecole Municipale des Beaux Arts. En 1958, il s'est rendu à Paris, afin de se perfectionner et il a fréquenté l'Atelier de la Grande Chaumière. Un an plus tard, il est reçu à l'Ecole Supérieure des Métiers d'Art, dans la section « techniques du bâtiment et décoration intérieure». A partir de 1962, il travaillera près de trente ans, dans un cabinet d'architecte.

Depuis 1968, il a participé à des expositions dans le monde entier, dans des galeries à Paris, en Alsace, à Tunis, à Hanoï, en Chine, en Allemagne…

A Mulhouse, il a réalisé plusieurs commandes publiques: des façades polychromes, notamment rue Thierstein et rue des Merles. Il a réalisé des fresques et sculptures pour

---

[5]Sandrine Stahl a réalisé en novembre 2015, une vidéo-interview avec François Bruetschy, visible sur YouTube. C'est une interview «du tac au tac», afin de mieux connaître le travail et la personnalité du peintre.

les écoles et églises. Il vit actuellement à La Garde Adhémar, non loin de Montélimar.

Au début, il est très marqué par son métier d'architecte dans ses peintures, mais à présent, il effectue «une peinture intellectuelle qui engage plus l'esprit que le savoir»[6].

François Bruetschy affectionne le monochrome et y dessine des «macrobes»[7], qui semblent refléter le cheminement de la pensée. Ce qui m'a marquée lors de cette exposition, est son usage des couleurs. Au milieu de l'espace d'exposition, on y trouve une œuvre dénommée «Installation centrale». Sur place, on peut y lire le commentaire suivant:

«Les panneaux qui, généralement, servent à exposer ou à suspendre des choses ou des œuvres, deviennent œuvres eux-mêmes à partir du moment où, peints, ils sont disposés d'une manière réfléchie dans l'espace de l'exposition. Il y a un jeu du recto/verso, horizontalité/inclinaison, ainsi que de la verticalité et de la couleur : une sorte de mouvement ascensionnel et circulaire.

Certains sont couverts de dessins, comme si la table à dessin (ici matérialisée par des tréteaux) tendait à la ver-

---

[6] Voir le site Alsace-Collections.fr.

[7] *ibid.*

ticalité, créant une mise en espace du dessin, qui coule de source, telle une fontaine.»

De loin, on a l'impression de voir des tableaux sur des sortes de plaques repeintes en vert, rouge, bleu, jaune, noir ou blanc. En s'approchant, on peut y observer des motifs labyrinthiques. Cela fait penser, comme si ces motifs auraient été gravés sur les tableaux. Cela symbolise le cheminement intellectuel du peintre. Celui-ci déclare: «La peinture, ce n'est pas seulement faire des jolies toiles, c'est une réflexion. C'est une façon de penser avec la main, le geste... Et je suis mon propre découvreur, un explorateur de ma propre pratique.» [8] Le visiteur peut donc appréhender ces lignes selon son ressenti. Nous pouvons par exemple y voir le labyrinthe urbain de la vie. L'art est ainsi réflexion pour celui pour qui «le travail est sacré».

On peut également voir des toiles bichromes au sein de l'exposition. Cela fait penser a un collage ou une superposition entre deux motifs monochromes vert et bleu ou blanc et jaune.
François Bruetschy nous offre une peinture abstraite, colorée et magique, où chacun peut y trouver sa propre interprétation.

---

[8] Citation de l'artiste sur le site consacré aux expositions d'art: elisabeth.blog.lemonde.fr

«La grammaire de la pluie» de Vincent Schueller.

Vincent Schueller a recyclé des objets du quotidien pour faire passer un message, lors de son exposition «La grammaire de la pluie», du 20 novembre au 20 décembre 2015.
On peut ainsi voir une bouteille usagée de liquide vaisselle. Il veut dénoncer le consumérisme, le gaspillage de la société de consommation. On voit ainsi le dessin d'une personne installée sur les toilettes. La consommation pénétrant par la bouche et ressortant par l'arrière. Un schéma d'une personne dénudée fait également allusion au consumérisme. Ce qui se trouve à l'intérieur du schéma est légendé «produit intérieur brut», en allusion au PIB économique. On a l'impression que ces œuvres sont un plaidoyer en faveur du purisme. Ce mot se retrouve d'ailleurs sur une affiche au sein de l'exposition. Une autre œuvre montre un schéma de l'organisation des machines à traire. Cela est reconnaissable grâce aux vaches représentées, mais le schéma ressemble plus à un circuit électronique. L'artiste veut ainsi dénoncer la mécanisation. Une autre œuvre montre le dessin d'un doigt, dont l'ongle est représenté en pointillés à découper. Cela met en avant que le corps est souvent considéré comme objet par la cosmétique. Plusieurs motifs de doigts sont également présents sur un autre tableau.
Par ailleurs, une boîte aux lettres a également été décorée avec un paysage de faune désertique.

On peut également apercevoir le dessin d'un crocodile vert, entouré du symbole de la monnaie de l'Europe. C'est peut être une mise en avant du traitement «commercial» de certains animaux, notamment dans les parcs animaliers.

En outre, on peut voir une pile plate de lampe de poche reliée à un cœur ou une autre pile reliée à un circuit électrique, formant une main. Ceci peut être un clin d'œil aux relations amoureuses ou tendues du quotidien. Par ailleurs, une série de cinq hameçons ou de leurres sont agencés dans un tableau, leur donnant l'allure d'oiseaux piégés. Sur la même thématique des oiseaux, on peut voir une œuvre constituée d'une bougie blanche et deux ailes noires, symbolisant l'oiseau. Une autre installation est constituée d'un pot de peinture et d'une mèche de dynamite ou encore de deux ventouses fixées sur un support métallique. De plus, une autre œuvre représente un tableau avec annotations diverses issues du quotidien, faites par l'artiste. La mention centrale étant «contempory fetish». On peut y lire aussi des termes comme «clés Séchoir, pot de peinture, Les Dalton» etc...

En outre, une sorte de gouvernail est également exposé.

Il est constitué d'un pneu traversé par neuf pointes.

Enfin, l'exposition se termine sur une touche de pessimisme, notamment par une série de dix têtes de morts en noir et blanc.

Cette exposition interroge les relations entre art, consommation et société. Très intéressé par les sciences humaines et la sociologie, Vincent Schueller dénonce les excès de la société de consommation avec ironie, afin d'interpeller le visiteur.

L'artiste, dont la formation en art plastique s'est déroulée à la faculté de Strasbourg et de St Etienne, se dit très influencé par le mouvement Dada et Max Ernst. [9]

---

[9] Voir l'article consacré à l'exposition sur le site «Coze.fr».

L'exposition AD LIBIDO ou la sexualité comme source de création[10]

L'exposition permet aux artistes de s'exprimer sur la thématique de la sexualité. Leurs productions diverses interpellent, tout comme la citation du philosophe Michel Foucault, qui en fut une sorte d'exergue [11] :

«La sexualité fait partie de nos conduites. Elle fait partie de la liberté dont nous jouissons dans ce monde. La sexualité est quelque chose que nous créons nous-mêmes, elle est notre propre création, bien plus qu'elle n'est la découverte d'un aspect secret de notre désir. Nous devons comprendre qu'avec nos désirs, à travers eux, s'instaurent de nouvelles formes de rapports; de nouvelles formes de création. Le sexe n'est pas une fatalité: il est une possibilité d'accéder à une vie créatrice».

1) Description sommaire des œuvres exposées.

Une première œuvre de **Matthieu Stahl** s'intitule «Wall of Love». Cette installation évoque le mur de la mort,

---

[10] *La sexualité comme source de création au Séchoir*, article paru dans le Journal «L'Alsace», Mulhouse, 17 février 2016, p.21.

[11] La citation a été placée en introduction du catalogue de l'exposition, servant de guide au visiteur.

rituel propre aux concerts de métal. La seconde est un ensemble de cinq huiles sur carton, qui s'intitule «Zone érogène». Ces œuvres permettent de s'interroger sur ce qui est érogène, l'œuvre en elle-même représentant des femmes en appétence. Ainsi, l'érogène se trouve t'-il sur les zones signalées en rouge sur les œuvres ou est-ce simplement le contact du visiteur par rapport à l'œuvre d'art? En outre, un autre travail artistique était visible dans l'atelier de l'artiste durant l'exposition. Il s'agit de l'œuvre s'intitulant *18 origines possibles du Monde et de la guerre*. Cette œuvre, représentant dix huit sexes d'hommes et de femmes, est un renvoi à l'œuvre de Courbet. On peut en déduire que rien n'est identique, c'est la diversité des sexes.

Une autre œuvre de **Julien Amillard** s'intitule «L'origine du monde». C'est un objet-livre, confectionné par l'artiste, de format 10x10 cm, comportant 32 pages. Chaque page comprend un carreau provenant d'une image, prise sur Wikipedia. Cette image représente le célèbre tableau de Gustave Courbet, *L'origine du Monde*. Si de nos jours, cette œuvre représentant un vagin heurte certaines sensibilités, ce livre-objet permet de l'appréhender dans le détail et de la remettre en question. Le visiteur doit aussi s'approcher de l'œuvre, afin de voir ce qu'elle recèle vraiment. L'apparence extérieure du livre-objet ne donne pas d'indices explicites.

Mathias Zieba scénographe de l'exposition, nous présente une série de neuf Glory Hole, ainsi qu'une installation au sol, intitulée «Fire in the Hole». Il faut imaginer le Glory Hole comme objet domestique, tel une lampe ou un tableau.

Anne Sophie Tschiegg nous propose «Assez forte, baissez culotte». Ce fut le premier titre de la collection DESSEINS (jeu de mots explicite avec les «dessins»), sous la direction de Bruno Chibane pour CHIC Médias. C'est un ensemble original de dessins au format A1, «c'est la rencontre d'un index et d'un Ipad ».

Jolanda Houtsma nous présente une peinture dénommée «Sans titre». Elle représente trois femmes dénudées, couchées, en attente de désir.

L'œuvre de **Françoise Courgeon** interpelle particulièrement le visiteur. Elle s'intitule «Prière de toucher». Alors que dans les musées, les visiteurs ont coutume de lire «Ne pas toucher, svp», cette œuvre peut être touchée par le visiteur. Des poitrines de femmes y sont représentées et c'est une œuvre tactile que l'on peut toucher.

Par son œuvre «Raccords F/M», la céramiste **Sandrine Bringard** nous livre une installation constituée de tuyaux en PVC, qui d'ordinaire se trouvent dans le sol pour le transport de fluides. Toutes ces parties s'emboîtent, grâce à leurs embouts mâles et femelles. Ceci représente symboliquement deux corps, durant un acte sexuel. Par leurs échanges, ils ne forment qu'un.

Heidi Kuhl nous propose une installation, représentant le point «G». Son œuvre s'intitule «Géographie du tendre». Il s'agit d'y chercher le point «G», en considérant que le plaisir commence par le désir. L'artiste tente de représenter ainsi une adéquation entre la géographie du désir et la localisation du plaisir.

Le céramiste **Allan Barrault (Nallan)** a exposé trois œuvres. La première s'intitule «Graines de peau» et représente notre peau en grossissement symbolique. Une seconde œuvre s'intitule «Rituel messianique» et une troisième «Larbrabite» (peut-être, je pense, un jeu de mot avec «labyrinthique»). Les deux dernières font référence à la création, au mythe d'Adam et Eve. On peut y voir l'arbre de la création.

Avec sa peinture à l'huile, intitulée «Petite mort...», **Sabrina Di Giovanni** a illustré un visage de femme, bouche ouverte, béate, yeux fermés. Cette toile documente un instant sublime d'extase.

L'artiste peintre **Bernard Tyrlik alias CHENI** est l'auteur d'une série de Dessins performance «Work in Progress ». L'artiste Cheni a effectué 59 dessins, confiné dans son atelier de Leimbach, cinquante neuf jours avant son soixantième anniversaire. Ces dessins ont tous abordé la sexualité et la sensualité. Chaque semaine, l'artiste a fait parvenir de nouveaux dessins au *Séchoir*.

Hervé Spycher, nous propose l'installation de sculpture «Accumulation». Elle démontre l'aspect délétère de la sexualité. Ce sont des objets en plastique, enfermés dans une forme phallique, afin de montrer le chemin d'échanges des gênes. Cela démontre aussi que l'on fait le choix du partenaire. «Faire un choix, c'est occulter les autres».[12]

Sélima Locher et Daniel Zeltner se sont unis pour nous proposer un ensemble intitulé «Shades of Grey». Ce sont trois toiles de cuir sur bois, grises. Un cœur y est gravé et d'autres motifs. Mais, la représentation n'est volontairement pas claire. Afin de démontrer, je pense, que la sexualité peut être taboue.

La peinture acrylique **d'André Maïo** s'intitule «E-conne» et le jeu de mots avec le terme «Icône» est explicite. En effet, une femme rousse, dénudée, y est représentée comme une icône. C'est une représentation de l'Eros, une figure féminine figée et engageante.

Laurie Franck, nous présente une «Série de 10 dessins» au feutre, sur l'amour autour du corps. En outre, elle a exposé une série de trois photos, intitulée «Anna», de

---

[12] Cité selon le document d'accompagnement de l'exposition.

dimension 60x80 cm. Pour cette série, Laurie Franck travaille au Polaroid, en argentique. Ces photos montrent des formes aux motifs symétriques. Elles représentent le corps sous tension d'une femme dénudée et une voiture.

Delphine Gutron a exposé cinq eaux fortes et estampes, dans un petit format. Ce format invite le visiteur à s'approcher et à «rencontrer» les estampes, qui représentent des corps qui ne sont pas identifiables.

EUGEN, avec la série «UNES» présente cinq photographies. C'est une recherche visant le questionnement suivant: Les femmes ont-elles un sexe?

Barbara Farina nous montre une huile sur toile, intitulée «L'étincelle du désir», ainsi qu'une peinture acrylique et fusain, intitulée «L'étincelle du désir II». Ces peintures représentent des femmes aux regards interrogatifs. Les peintures reprennent le même thème, avec deux techniques différentes. Les œuvres veulent démontrer que c'est le désir qui mène au plaisir.

L'installation vidéo, avec rideau de **Sandrine Stahl**, intitulée «Désirs», considère le désir comme symbole de liberté. Le désir c'est l'essence de toute chose, et chacun a son propre désir.

André Lozano nous montre un ensemble de vidéos, d'images fixes animées, avec divers pixels qui changent et évoluent. Selon leur évolution, on décèle une silhouette féminine. Mais, l'image est brouillée. Cette absence de netteté a une symbolique. A ce propos, le texte d'explication suivant est mentionné dans le livret du visiteur : « Paradoxalement, ce que je ressens est bien contraire à ce qu'on pense de l'Internet. J'ai la conviction que l'Internet ne libère pas la sexualité, ni ses figures, sinon qu'il les capte par écran interposé. Ni voyeurisme, ni pornographie, ce qui caractérise la sexualité à l'âge du numérique, c'est bien la transmutation des affects sous forme électronique ou autrement dit, une conversion du libidinal en digital. A mon avis, Internet inaugure une sexualité spectrale, par les images et avec les images, et c'est tout un univers singulier, qui s'expose et s'impose avec son cortège de protocoles et d'écrans. Passivement, les internautes font l'amour avec les ordinateurs, en branchant la webcam et en s'exhibant. Les machines s'immiscent dans l'intimité et la connexion conditionne l'activité sexuelle. Le sexuel s'interconnecte. Les images procurent le plaisir et le signal compute la chair. Je n'ai pas la volonté de déprogrammer cette sexualité digitale. Tout au plus, il s'agit d'en altérer son intensité, et de brouiller contours et formes, afin de retrouver le caractère «allusif» propre aux images érotiques. L'art de dévoiler en voilant, dans une certaine mesure».[13]

---

[13] Cité selon le document d'accompagnement de l'exposition.

L'artiste se consacre effectivement au montage vidéo d'art, comme le démontre son intervention de mars 2016, que nous allons aborder ci-dessous.

2)   Intervention d'André Lozano sur l'art numérique.

André Lozano, connu par son nom artistique «LOZ», est un artiste spécialisé dans le numérique et professeur d'art plastique dans un collège de Lorraine. Il est intervenu au *Séchoir*, afin de présenter son travail à l'occasion du week-end de l'Art Contemporain en mars 2016.

Il a présenté dans un premier temps, ses travaux de retouches de vidéos, où il s'intéresse notamment à la trame. Il s'est inspiré d'un clip très connu de David Bowie, datant de 1974. Ce clip permet de s'intéresser à la thématique de l'icône et à l'iconographie. Il contient un clip très graphique sur fond blanc. Les costumes et le maquillage du chanteur sont intéressants. Il est androgyne, il a les cheveux roux etc… Ceci permet, en retouchant la vidéo et en reprenant les pixels, de produire un élan baroque en recodant. Ce qui intéresse André Lozano, c'est de basculer dans des formes très élémentaires, en recherchant le symétrique, permettant de revenir à une image. Il effectue un travail de code, image par image. La vidéo peut être comparée à un travail sur les sons et les personnages.

Il faut faire des choix de création, un personnage, peut après transformation, traverser une vitrine, on peut modifier des couleurs. Souvent, les résultats sont très graphiques. Son cheminement artistique peut être consulté sur le site www.andre-lozano.org[14]. Cela démontre que le numérique a sa propre magie.

Dans un second temps, l'artiste nous a présenté son travail en cours, concernant le personnage d'Alice au Pays des Merveilles. Cela permet de passer du réel à un univers fictif et imaginaire. Au début, c'est une image classique de la petite Alice qui fait une chute dans le puits. Puis, il a impulsé des couleurs, créé des motifs en retouchant l'image de la vidéo. Il a également retouché la bande son. Il a aussi lignarisé les couleurs et l'alignement lui a permis une image mobile, alors que l'autre est linéaire. En fait, le personnage d'Alice est devenu un robot et le son a été modifié. La taille de ces motifs offre un grand spectre de possibilités.

Afin d'effectuer la retouche vidéo, André Lozano a conçu et créé un logiciel et une plateforme pour les artistes. Ce programme utilise des algorithmes aléatoires. En effectuant des agrandissements, on utilise des algorithmes à gauche et à droite de l'image. On va

---

[14] Page Internet consultée le 16 août 2016.

obtenir une trame, puis des mandalas, un système complexe avec des petits points.

Si l'on transforme des tableaux en utilisant l'algorithme, les motifs seront devenus abstraits. Ils seront devenus des papiers peints. Puis, il nous montre une image faite sur un ancien ordinateur, un Apple 2. Les pixels appliqués à des images, permettent de varier les motifs (fleurs, motifs féminins etc...).

Pour créer un programme, il existe des logiciels comme PYTHON par exemple. Il permet de retoucher le son, ainsi que la réadaptation d'une image aléatoire, afin de recoder image par image.

L'artiste a aussi participé au projet de l'Association LE HURLOIR. Il s'agissait d'enregistrer du son à un endroit dans le monde et de le retransmettre à un autre endroit. Ainsi, en Uruguay, il a effectué un enregistrement sur une place publique en continu. Puis, il a restitué le son de l'enregistrement en Europe. Il a pu constater que les personnes sont plus attentives aux détails (un chien qui aboie), lorsque les gens ne voient pas l'image. C'est ainsi, que l'on assiste à une surenchère d'images dans les médias. Il donne l'exemple du film «Orange Mécanique» de Stanley Kubrick, qui comprend des scènes très violentes.

D'autre part, il a créé des matrices de coloriage pour enfants, comme des mandalas. Ceci a été conçu en fichier

PDF. Une question de l'auditoire suggère de l'utiliser, afin de concevoir des canevas pour les ouvrages en couture.

Cette rencontre très enrichissante à permis de mieux cerner les contours d'un travail artistique, axé sur le numérique et les nouvelles technologies. Ce qui met en avant la pluralité des approches artistiques contemporaines.

3)   Intervention de la sociologue Patricia Legouge sur la sociologie de la sexualité.

Voici diverses réflexions autour de la conférence de Patricia Legouge, sociologue à l'Université de Strasbourg. La conférence a été donnée le 2 avril 2016 au *Séchoir* à Mulhouse.

Dans une première partie, la sociologue a abordé un aperçu historique de la sexualité. Au fil du temps, la médecine est devenue un outil de gestion de la sexualité, permettant de gérer les populations et les flux démographiques.

Historiquement, on va avoir deux modifications en moyenne, liées à cette volonté de gestion en produisant un discours sur la sexualité. Dans un premier temps, on va avoir un recentrage des différences, c'est-à-dire que ce type de discours vise à considérer la sexualité ou l'hétérosexualité, comme étant une norme. Ceci va jeter la suspicion pour les pratiques, qui sont hors de ce cadre.

Considérons la phrase célèbre de Foucault « Le sodomite était un relaps, l'homosexuel est maintenant une espèce ». Quand on dit, l'homosexuel devient une espèce, une déviance va venir englober toute la personnalité concernant un individu à part entière. Cela peut concerner tous les individus qui échappent à une définition de l'hétérosexualité.

André Dégin, va travailler sur la sexualité à la fin des années 1980, mais de façon non pragmatique. Que va t-il se passer en France, permettant de développer et faire évoluer la sociologie de la sexualité? C'est le VIH. Il va offrir un terrain d'enquête à la sociologie de la sexualité. Grâce notamment à deux sociologues américains Gagnon et Simon qui commencent à codifier la sexualité. Ce qui est intéressant, c'est de savoir ce que cela a comme signification et comme enjeux. Et en fait, on adopte cette démarche compréhensive. Or, à la fin des années 1980, le sang contaminé a déclenché une panique totale dans le contexte du SIDA et des campagnes de sensibilisation au préservatif.

Il va y avoir en France, la création de l'ANRS (Agence Nationale de Recherche sur le Sida), qui va commanditer une grande enquête. Les résultats ont permis d'ajuster les campagnes. En 1992, on a pu assister à la publication d'une seconde grande enquête sur «Les comportements sexuels». En 1998, des enquêtes ont associé des sociologues et des psychologues. Ainsi, les campagnes s'adaptent au public. En 2007, une autre grande enquête sera menée en France, sur le contexte de la sexualité. On s'est efforcé de prendre en compte les inégalités entre hommes et femmes. Actuellement, on mène des enquêtes auprès de publics gays et lesbiens. Il s'agit aussi de prendre en compte l'arrivée des sites de rencontre. Cela change la donne en terme de comportement sexuel.

Alors que depuis quelques années, la sociologie de la sexualité était assez autonome, on observa petit à petit, une convergence avec d'autres sphères de la recherche en sociologie, et notamment la sociologie du genre (la théorie du genre n'existe pas). Il s'agira de travailler sur les processus de catégorisation hommes/femmes et les différences hommes/femmes en terme d'embauche, de violence, et en même temps sur une sociologie des mondes homosexuels. Ceci permet de mettre à jour des processus et enjeux sociologiques centraux.

Cela a également été l'occasion pour Patricia Legouge, d'aborder son travail de recherche, thèse qu'elle a soutenu en 2013 sur le thème «Démocratie sexuelle, sexualité et rapports sociaux : les représentations de la sexualité dans la presse». Elle s'est donc intéressée à des revues comme «SHM» et «Marie Claire». Elle a effectué des analyses en lisant des articles.

Dans ces articles, comme dans le quotidien, on peut constater que le discours auprès des femmes et des adolescents est souvent le suivant: «La première fois, c'est très important, sinon toute la sexualité est gâchée. Tu as intérêt à être amoureuse». Ainsi, le désir reste dans un cadre. La sociologue a ainsi comptabilisé lors de ses recherches, 486 articles portant sur la sexualité, sur une période de quarante ans. Cela concerne les revues comme «SHM» et «Marie-Claire», cette dernière qui a été crée en 1937. Pourtant le premier article relatif à la sexualité n'est paru qu'en 1967.

Ainsi, Patricia Legouge a aussi pu rencontrer des journalistes, ayant rédigé ces articles, qui ont voulu relayer des normes assez fortes. On a une démarche hédoniste de l'homme hétérosexuel. Il s'agit d'encadrer les pratiques et de montrer une sexualité féminine comme étant naïve. Les corps féminins sont un peu handicapants. Et que disent ces articles de la notion de désir?

Dans le domaine de la sociologie, on considère que quatre processus fondamentaux traversent la société et les individus, ce sont le genre, la classe sociale (l'attribution en richesses et des revenus), l'âge (être reconnu comme étant jeune, vieux…) et une quatrième classe est la «race». On sait que socialement, cela a des effets.

Pour l'homme, le plaisir est restreint. Dans ces articles, on va parler par exemple de racisme et reproduire les rapports de classe. Le but de la sociologie de la sexualité est de mettre à jour les processus inégalitaires. On peut citer la phrase de Maurice Godelier sur les Baruyas en Nouvelle Guinée: «Il devenait évident que les inégalités entre les hommes et les femmes n'avaient pas attendu l'apparition des castes ou des classes pour se développer. Du coup, les luttes des femmes pour abolir les rapports qui les subordonnaient n'avaient pas à attendre que les luttes de classe aient réglé ces problèmes (…)».[15]

Cela reprend une idée intrinsèquement sexuelle et vise surtout à porter des symboliques d'émancipation des processus. On a mis à jour l'ethno-normativité. Qu'est-ce que c'est?

On ne choisit pas d'être gay ou hétérosexuel. Ainsi, l'hétéro-normativité est le processus qui prescrit aux individus (aux hommes et aux femmes) certaines normes, notamment d'une autre manière par la socialisation par l'éducation des filles et des garçons. Cette éducation comprend le cliché de la «fille facile», des préconçus comme la sexualité restreinte de la femme qui s'entend dire «Tu as moins de désirs que les hommes. L'homme est celui qui initie». Il y a les concepts de masculinité et

---

[15] *A propos des Baruya de Nouvelle-Guinée*. Extraits du discours de Maurice Godelier, Journal du CNRS (hors-série de janvier 2002). Résumé par Michèle Dayras. www.sos-sexisme.org (page consultée le 18.06.2016).

de féminité qui évoluent. Elle devient une masculinité hégémonique et subalterne. Déjà lors de son travail de thèse, Patricia Legouge affirme qu'elle a ainsi pu constater que les femmes ne sont pas entraînées à profiter de leur corps. Elles ne sont pas entraînées à la masturbation. Et on en revient à Shyheim, une Américaine, qui souhaite valoriser la masturbation et l'intégrer dans un processus. On peut dans ce contexte, se poser la question de la manière dont on représente les organes des hommes et des femmes. L'utérus est dessiné devant, comme la sociologue affirme avoir vérifié dans un ouvrage scolaire de 4e.

On n'entraîne pas les femmes à la sexualité, mais on va romantiser la sexualité. La sexualité humaine, son but est justement de codifier ce qui n'est pas sexuel et cela doit devenir sexuel. Les hommes hétérosexuels ont des univers qui sont codifiés. Leur désir sexuel est reconvoqué régulièrement. Pour démontrer cet univers codifié, nous pouvons évoquer le fait que les premiers calendriers masculins ont été interprétés comme «gay». Le film américain «Cinquante nuances de Grey», qui a eu plusieurs Grammy Awards en 2015, démontre ces conflits masculins/féminins. En outre, dans les années quatre vingt dix, on a produit des Boys-Bands pour mettre en scène des corps masculins, à destination des femmes. Les productions envers les hommes sont nombreuses, mais on ne les évoquent que rarement. Pourquoi ce discrédit des représentations ? Représenter des hommes, c'est les représenter en posture de disponibilité sexuelle, d' objet sexuel (la sociologue demande de réfléchir sur l'exposition). Il est donc souillé et dévalorisé. Mais en fait, une femme « choisit » la sexualité.

Ainsi, on oppose objet et sujet. Par un enchevêtrement de discours, sous couvert sexuel, sont racontés des faits comme le port du voile et le féminisme. Il y a aussi le femonationalisme, comme Marine Le Pen ou l'homonationalisme (comme Philippot) et la Manif pour Tous. Il faut agir socialement.

Il y a donc beaucoup d'enjeux concernant la sociologie de la sexualité, particulièrement concernant les femmes. Elle se doit de «choisir» sa sexualité, comme il va de soit pour les loisirs (le tennis…) ou d'autres activités quotidiennes. Mais avec la maîtrise de la procréation, l'on peut dédramatiser. La sociologie de la sexualité est par conséquent un instrument de pouvoir et un moyen de déstabiliser. Il s'agira de mettre à jour ces processus, notamment celui de la sensibilité du corps féminin et cela devra correspondre aux normes du genre.

Vues urbaines : entre médium de portraits féminins, street art et pop art. L'exposition personnelle de Barbara Farina.

L'artiste d'origine italienne Barbara Farina, nous propose trois approches différentes de ses «œuvres étranges»[16], à travers son exposition « Les yeux de la nuit» durant les mois d'avril-mai 2016. Le visiteur a pu y découvrir des techniques différentes: des huiles sur bois, des huiles sur toile, ainsi que la réhabilitation et la customisation artistique d'objets de culte, dans le cadre du concept «Violette Pop». Ce qui est surprenant, c'est que les peintures figuratives de l'artiste ne représentent que des personnages féminins au fil de cette exposition. Ces œuvres dressent un aperçu de la condition féminine dans un contexte urbain.

1)   Les diverses huiles sur bois

Une des œuvres exposée, s'intitule «Dragon». Datée de 2008, elle est de dimension 100x61 cm. Elle représente une femme nue de dos, tournant son visage et son regard vers le visiteur. Une longue queue se dégage au niveau des fesses. C'est une créature mi-humaine, mi-animale, digne des personnages mythologiques.

---

[16] Cf. l'article «Cinq bonnes raisons d'aller au Séchoir», Journal «L'Alsace», Mulhouse, 16 avril 2016, p. 21.

L'œuvre s'intitulant «Pënsieri» représente une femme pessimiste, aux allures animales de paon. C'est une peinture très esthétique. Cette huile sur bois de dimension 80x60 cm, date de 2011.

Une autre œuvre s'intitule «Sans titre», plus récente, datant de 2014, représentant quant à elle, uniquement un visage de femme. Le fond est noir et le visage s'étend quasiment sur tout le tableau. Il y a également beaucoup de symétrie dans cette œuvre. C'est le portrait d'une femme de type africaine dont la peau est très claire et épurée. L'expression du visage est très concentrée et sévère. Ce portrait dégage aussi une expression de pureté et d'innocence.

Le précédent portrait contraste avec le suivant, intitulé «Reine des plumes». Datant de 2013, le visage féminin clair et symétrique, représenté sur fond brun, n'occupe qu'un quart de l'espace du tableau, à gauche, vers le bas. On aperçoit également le buste de la femme aux cheveux longs avec un chignon. Autour du chignon, sur le côté droit, sont greffées une multitude de plumes, faisant penser à un paon. Cela évoque comme un second visage. Certaines plumes forment également des cornes, comme celles du diable. C'est un personnage mi-homme, mi-animal.

La prochaine œuvre s'intitule «Mécanique». De dimension 30x30 cm, elle a été conçue en 2016.

Également sur fond brun, le tableau représente une femme tenant son visage entre les mains. Elle semble tourmentée et pensive. L'effet de symétrie et de centralisation des motifs est remarquable dans ce portrait. La chevelure est remplacée, quant à elle, par des rouages mécaniques. Ceci symbolise le fonctionnement complexe du cerveau. C'est une création inspirée du mouvement Steampunk.

L'œuvre «Âges de l'homme» (2016), formant un triptyque cubique de dimension 42x45x25 cm, fait référence au street art. Elle représente le portrait d'une personne aux différentes étapes de la vie, thématisant ainsi son évolution.

L'œuvre «Steampunk» datant de 2015, est présentée sous une vitrine de verre lors de l'exposition, ce qui contribue à sa mise en valeur. De dimension 120x51 cm, elle représente une femme nue, se cachant les seins avec ses bras. Son visage s'est métamorphosé afin de prendre une expression animale. Autour de la bouche, on voit une sorte de moustache comme pour les fauves.

Une autre huile sur bois s'intitule «Mani». Œuvre assez ancienne, datant de 2003, de dimension 40x27 cm, elle thématise déjà l'expression féminine. Un visage féminin, s'étalant sur la surface intégrale du tableau, semble être attentif et gêné à la fois. En effet, le personnage porte la main devant sa bouche.

L'œuvre «Medusa» date de 2010. De dimension 54x56 cm, elle représente une femme sur fond brun. Cette œuvre, contrairement aux autres, n'est pas monochrome. On y retrouve la couleur du visage, les cheveux «serpents-verts» et le fond brun du tableau. Ceci peut s'interpréter comme une allusion à la mythologie.

L'œuvre «Morgan» de 1999 est rectangulaire, de dimension 55x22 cm. Ce visage de femme aux cheveux roux, est intrigant et exprime de l'angoisse.

L'œuvre intitulée «Mutante» de dimension 34x27 cm, date de 1998. Ce portrait d'un visage, entouré de cheveux bruns, donne l'impression d'un personnage mi-homme, mi-femme, qui se transforme.

L'œuvre «Couteau», datant de 2011, de dimension 90x60 cm, représente une personne aux apparences masculines, qui se mutile avec un couteau, dont l'intention est peut-être suicidaire.

La prochaine œuvre s'intitule «Sarah» et date de 2012. De dimension 106x41 cm, elle représente une femme diablesse, une des légendes, par métaphore, également des temps modernes. C'est une femme aux cheveux courts, aux longues dents, portant une robe brune. Son allure de «Satan» sérieux, se confirme par sa posture aux bras croisés. Par ailleurs, deux cornes poussent sur sa tête.

L'œuvre «Ermiane» date de l'année 2000. De dimension 58x56 cm, elle représente une femme à la chevelure brune et ample, qui rayonne de jeunesse.

La toile s'intitulant «Sisters» a été conçue en 2015. De dimension 100x80 cm, elle représente deux jeunes-filles, se tenant par la main avec une clef. Le titre nous suggère que ce sont deux sœurs. Elles tiennent un anneau et une serrure à clef au niveau du cœur. Ceci symbolise un cœur, où sont enfouis des secrets, dont elles seules ont la clef.

2)   Les huiles sur toiles

Un tableau de 2012 s'intitule «Dark». Ce titre très évocateur par sa polysémie anglaise, signifie «foncé», «noir». Pourtant, seul le regard noir du personnage et ses yeux, ainsi que les contours noirs du tableau font écho à son titre. Toutefois, l'angoisse du personnage est palpable.

La prochaine toile s'intitule «Fautive». En représentant un personnage féminin, donnant l'impression d'un être issu du monde mythologique, la femme représentée se caractérise par ses longs cheveux gris et sa robe à décolleté grise. Le regard est dirigé vers le sol et les yeux sont baissés. Ce portrait représente les femmes de l'aristocratie, cherchant à s'effacer sous le joug du pouvoir.

L'œuvre «Duo» datant de 2015, propose sur un seul tableau, le portrait de deux femmes différentes. Ceci évoque des jumelles, dont une est maquillée contrairement à l'autre.

Le tableau «Diana» datant de 2012, de dimension 60x45 cm, montre une femme à l'expression sévère et méchante. En robe de soirée brune, avec un décolleté allant jusqu'à la poitrine, le brun de ses cheveux y répond en nuances de couleurs. Mais ceux-ci se transforment en serpents. Ainsi, le personnage de Diana est surnaturel.

Le tableau ayant donné le titre à l'exposition «Les yeux de la nuit» a inspiré à l'artiste deux œuvres sur fond violet bleuté. Le premier tableau issu de cette œuvre a un encadrement ovale, alors que le second est rectangulaire. On distingue d'une part, l'huile datant de 2016, représentant un visage aux traits tirés d'une femme pensive portant ses doigts à la bouche avec impression de gros plan. Sa dimension de 80x60 cm évoque l'agrandissement. D'autre part, la toile intitulée «L'étincelle du désir» semble être une variante de la précédente. Elle a peut-être pu servir de modèle, afin de réaliser cette dernière. Le visage féminin représenté, dégage une impression de contrariété, marqué par l'expression de ses traits. C'est une œuvre réalisée à l'acrylique. Ses dimensions sont 68x48 cm.

La toile de forme carrée, de dimension 50x50 cm, s'intitulant «Cybereyes» a été conçue en 2010. Comme son titre le suggère, elle représente un visage de femme d'où ressortent des yeux absents. Ce sont des yeux virtuels. Cela symbolise les contacts irréels du monde virtuel d'Internet et des nouvelles technologies.

L'œuvre intitulée «Livia», utilisant la technique de l'huile sur carton est datée de 2016 et ses dimensions sont de 40x29 cm et de forme ovale. C'est un portrait féminin, dont on ne voit que le visage et le buste. Les cheveux sont roux et dorés comme une déesse.

Le tableau intitulé «Cat» de 2015 de dimension 80x60 cm, représente une jeune-fille, dénudée de profil, portant un chat brun dans ses bras. Il est frappant que la couleur des yeux de la femme soit identique à celle de l'animal.

L'œuvre «Rondo I», datant de 2015, a un diamètre de 60 cm. Le terme du titre «Rondo» évoque la danse ou la musique joyeuse. Pourtant, cette impression de joie ne se confirme pas dans le portrait triste de la femme aux yeux baissés. Elle porte toutefois une coiffe de fête avec une rose dans les cheveux.

En parallèle, la toile «Rondo» datant de 2016, de même diamètre, peut être considérée comme la suite de la précédente. Il s'agit en effet, de la même personne que précédemment, représentée de face. Cette fois-ci, les yeux sont ouverts et leurs regards est attentif. Cette femme semble être en attente.

3) Le projet «Violette Pop»

Lors de l'exposition, le visiteur pouvait aussi découvrir des objets de culte customisés par Barbara Farina. En effet, elle customise des icônes religieuses à la peinture acrylique. Elle récupère aussi des crucifix qu'elle démonte et retape. Elle leur donne de la couleur, dans un style pop art, street art.

Latitudes urbaines vs. «Latitudes singulières».

Cette exposition collective a eu lieu du 16 avril au 29 mai 2016. Elle a réuni plusieurs artistes : Camille Aurière, Sandrine Bringard, Jean-Baptiste Defrance, Elisa Martin.[17] L'ensemble des artistes ont effectué leur cursus à la Haute École des Arts Décoratifs de Strasbourg. A l'occasion de cette exposition, ils ont décidé de se réunir dans l'optique d'une thématique commune: celle du paysage. Leur point de départ, fut la situation singulière du *Séchoir*, au dernier étage de la Tuilerie à Mulhouse. Le visiteur de la Tuilerie a en effet, une agréable vue de la Gare du Nord. Celle-ci a servi en tant que photo d'illustration de l'exposition. Ainsi, les œuvres ont été pensées pour le lieu.

Jean-Baptiste Defrance a effectué des travaux picturaux. Il a demandé à des personnes de son entourage de mettre à sa disposition certains de leurs objets comme des gants, des bonnets, des écharpes. A partir de ces objets, il a créé des natures mortes. On a des compositions un peu abstraites. On est dans une ambiance très mélancolique du rapport à la nature. Dans certaines œuvres, on peut reconnaître des objets de personnes qui ont travaillé avec de la terre. Ce sont des gants de jardinage.

---

[17] Ce paragraphe s'inspire des indications données par Sandrine Bringard, lors de sa visite guidée du 24 avril 2016.

Elisa Martin a quant à elle établi une table d'orientation. Elle est partie de modèles qu'elle se créée, par rapport à la situation, à la «latitude» du *Séchoir*. C'est une œuvre aux crayons de couleurs. On se trouve comme devant une table d'orientation, à regarder devant soi.

Camille Aurière a effectué un travail de symétrie, de lumière et de lignes sur la cartographie. Son œuvre laisse une impression de creux, comme pour des roches. Elle prépare elle-même ses toiles et motifs. En outre, elle est également l'auteur d'une installation symbolisant un paysage de montagnes. Sur quatre tréteaux en bois sont disposées des toiles blanches. Un système de soufflerie a permis d'onduler les toiles qui prennent alors la forme et l'apparence de massifs montagneux.

Sandrine Bringard a créé pour les besoins de l'exposition une œuvre en terre cuite s'intitulant «La vague». Elle a voulu suivre la piste de la situation du dernier étage du *Séchoir*, où l'on faisait sécher des briques et où des litres d'eau ont été utilisés. Sa forme classique fait référence à «La vague» de Camille Claudel. Son façonnage a été fait à la main. Elle a voulu évoquer l'eau, car l'homme est constitué à quatre-vingt pour cent d'eau et la mer est quelque chose de beau. Elle évoque peur et beauté à la fois. L'œuvre se réduit en taille jusqu'à la fin de l'exposition.

Ainsi, un tableau entièrement bleu évoque également ce contexte aquatique. Cette œuvre monochrome, toute recouverte de bleu laisse libre court à l'imagination du visiteur.

Une seconde création fut une pierre et une paire de bottes vertes en caoutchouc. Cela symbolise le labeur du marcheur dans la nature.

Cette exposition, mêlant les genres artistiques a permis de s'interroger sur notre rapport à la nature et sur le rôle de l'eau. La thématique de l'eau est particulièrement présente chez la céramiste Sandrine Bringard. Elle y a d'ailleurs consacré une exposition personnelle en 2016, que nous évoquerons dans les pages qui suivent.

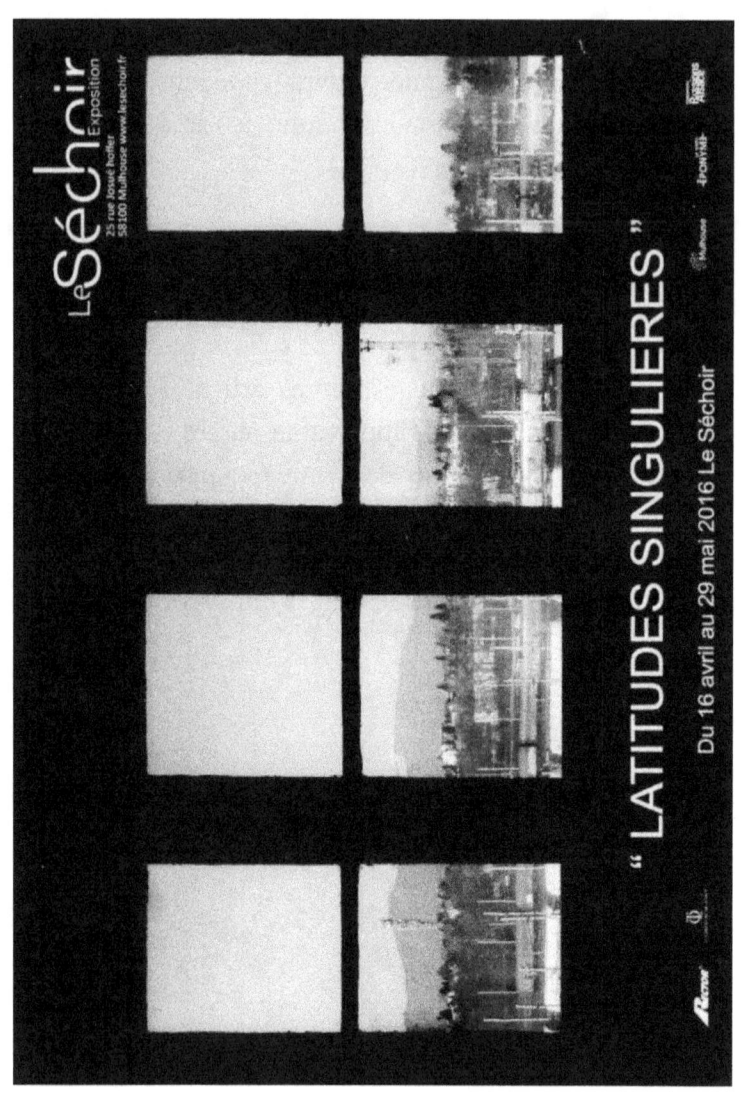

Une histoire d'eau urbaine : L'exposition «Nos eaux imaginaires» de Sandrine Bringard.

L'exposition consacrée au corps et à l'eau a été visible du 21 mai au 19 juin 2016. Avec une scénographie de Lisa Allegra le titre est très explicite. Il propose l'alliance de la thématique de l'eau à l'imaginaire. En effet, le visiteur ne rencontrera pas d'eau tout au long de son parcours. Dans un texte explicatif d'Adèle Rosenfeld sur ce thème, faisant partie de l'exposition, on pouvait lire que «Sandrine Bringard emprunte au philosophe Gaston Bachelard sa conception des objets: les objets n'ont de sens que dans le regard du spectateur et dans un jeu de suggestions intimes avec le monde qui l'entoure ou qui l'imagine. L'eau est donc représentée par les objets de son usage, et par contagion, l'ensemble de ces éléments raconte une histoire d'eau.»[18]

Ainsi, cette exposition peut paraître paradoxale. Si l'artiste dit s'intéresser aux sujets classiques de Rodin et Camille Claudel, à la pureté de Brancusi, au surréalisme de René Magritte ou encore aux corps d'Henry Moore[19], les objets de céramique représentent un objet ayant un rapport avec l'eau, mais ils sont déviés de façon ludique pour évoquer le corps. On peut ainsi imaginer des

---

[18] Texte d'Aline Rosenfeld, visible au sein de l'exposition.

[19] Programme du *Séchoir*, mai-juillet 2016, p.5.

situations à la mer, à la plage ou tout simplement au sein d'une piscine urbaine. Ces situations peuvent mêler plaisir et peur. Le visiteur peut y entrevoir cinq approches différentes: les céramiques émaillées blanches, les céramiques émaillées grises, les céramiques émaillées roses, les installations et les croquis de travail de l'artiste.

1) Les céramiques émaillées blanches

Parmi une douzaine de créations exposées au total, on pouvait voir l'œuvre intitulée «Pieds aux Pulls boys». C'est un usage détourné du contexte de la natation. Mais les pieds y recherchent de l'assurance.

Les œuvres intitulées «Baigneur 1», «Baigneur 2» et «Baigneur 3» datent toutes de l'année 2013. Ce qui démontre l'intérêt de longue date que l'artiste porte à cette thématique. Ces trois œuvres forment un ensemble. Elles sont constituées de céramique et d'une chambre à air symbolisant la bouée dans diverses situations.

2) Les céramiques émaillées grises

Elles symbolisent d'une part la tuyauterie des conduites d'eau et d'autre part les genoux. L'œuvre «Corps tuyautique n°2» représente un robinet, sans lequel l'alimentation d'eau serait quasiment impossible. La création «Cuve aux genoux» évoque pour moi deux conduites d'eau et l'eau serait représentée par des tubes de néoprène. Mais, le titre de cette œuvre comporte le terme «genou», afin de faire écho à la thématique récurrente du corps. Une autre œuvre s'intitulant «Genoux dans l'eau au drapé» évoque elle aussi cette partie du corps. La céramique est accompagnée d'un drap de bain. Cela peut évoquer une personne sortant de la piscine, afin de se sécher. Une autre œuvre évoque quant à elle la respiration qui est essentielle lors d'activités aquatiques. La création «Poumons flotteurs» est conçue en céramique bombée, agrémentée de chaînes métalliques et de ciment.

3)   Les céramiques émaillées roses

Elle donnent une impression de quiétude. Elles représentent par exemple «Un nageur au drapé de front». La couleur rose symbolisant ici le visage. Mais l'œuvre s'intitulant «Corps à la bouée» est en céramique émaillée bichrome, rose et blanche. Le corps est symbolique de couleur rose, alors que la bouée est blanche.

La création «Corps tuyautique n°1» est rose et sa signification se doit d'être décodée. Laissons la parole à Aline Rosenfeld: «Dans cette sculpture en céramique émaillée rose, la tension s'évanouit : le corps tuyautique est allongé de tout son long dans une position lascive. Le corps prend des couleurs, presque une figure féminine, par la rondeur des jambes tuyaux, la largeur des hanches, et la valve comme une couronne champêtre. Le corps féminin, généralement sublimé en sculpture, est ici désacralisé, réduit à sa nature de réceptacle: tube digestif qui fait office de buste, et corps tube sexuel, d'où s'écoulent des tubes néoprènes».[20]

4) Les installations

Ces installations mêlent des câbles, des tuyaux et une matière en plexiglas, symbolisant les reflets de l'eau. Adèle Rosenfeld y interprète «des Baigneurs qui prennent place de part et d'autre d'une plaque à la surface iridescente (élément scénographique) et qui semblent se répondre, narcissisme radioactif».[21]

5) Les croquis de l'artiste

Des croquis représentant différentes recherches de l'artiste, en vue des créations, sont également exposés. Ce qui démontre le travail de recherche et de conception.

Cette exposition a donné l'occasion au visiteur de se forger sa propre interprétation. Personnellement, cela évoque pour moi diverses approches des activités aquatiques, en milieu urbain (piscines, plans d'eau…).

---

[20] Texte d'Adèle Rosenfeld en accompagnement de l'exposition, remis au visiteur.

[21] Également dans le texte d'accompagnement.

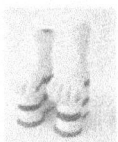

Pieds aux Puti-boys, 2016
Céramique émaillée
50 x 37 x 36 cm

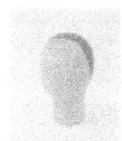

Nageur au drapé de front, 2016
Céramique engobée et émaillée
43 x 21 x 27 cm

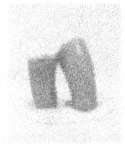

Genoux dans l'eau au drapé, 2016
Céramique émaillée et drap de bain
57 x 78 x 42 cm

Corps à la bouée, 2016
Céramique émaillée et bombée
58 x 30 x 65 cm

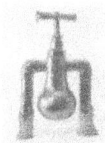

Corps tuyautique n°2, 2015
Céramique émaillée
80 x 90 x 27 cm

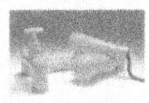

Corps tuyautique n°1, 2014
Céramique émaillée et tubes néoprène
60 x 110 x 80 cm

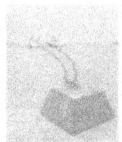

Poumons flotteurs, 2016
Céramique bombée et aiguisée, chalnes métalliques et ciment
35 x 70 x 300 cm

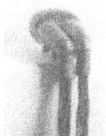

Cuve aux genoux, 2015
Céramique émaillée et tubes néoprène
80 x 37 x 50 cm

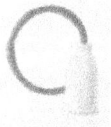

Baigneurs n°3, 2013
Céramique émaillée, tuyaux PVC et chambre à zinc
87 x 55 x 35 cm

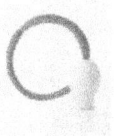

Baigneur n°1, 2013
Céramique émaillée, tuyaux PVC et chambre à air
80 x 70 x 30 cm

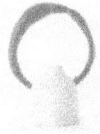

Baigneur n°2, 2013
Céramique émaillée, tuyaux PVC et chambre à air
82 x 70 x 20 cm

«Pérégrinations» et «Zooms urbains» : à la recherche des villes invisibles dans l'esprit d'Italo Calvino.

L'exposition «Pérégrinations», ayant eu lieu du 10 juin au 10 juillet 2016, reprend les travaux de participants à un workshop de la Haute Ecole des Arts du Rhin, organisé par Oriane Blandel en 2015. Nous pouvons définir le terme «Pérégrinations» comme un voyage complexe d'un lieu à un autre.

Dans cette exposition de «douze cadavres exquis», les photos remplacent les mots. Elles reflètent la réalité, elles racontent une histoire ou abordent une problématique. Les photos ont une allure de «photographisme». Ces photos reflètent les préoccupations du détail de leurs auteurs. Des photos au sol reflètent les couleurs d'une foire kermesse. Elles forment une sorte de patchwork de couleurs. Certaines photos aux couleurs identiques sont superposées deux ou trois fois. D'autres clichés montrent l'éclosion d'une fleur, des post-it, un skieur ou des représentations fantastiques d'animaux. L'œuvre «Dans la gueule du loup» a par exemple été retouchée afin de former des personnages surréalistes éclatants de couleurs. Plusieurs photos reprennent le motif du loup qui est transformé, en ayant par exemple des cornes. Le plus étonnant est une affiche publicitaire graphique avec le slogan «j'aime tes fesses», représentant l'arrière d'un homme musclé. L'affiche est entourée par deux photos de fesses. Ceci illustre la notion de «photographisme».

D'autres photos représentent des murs de béton ou de briques avec des graffitis ou du photograhisme comme des cerfs volants en laine, ajoutés sur une photo.

Tous ces détails décrivent l'essence cachée ou anonyme de notre milieu de vie. Cela donne une impression de chute inévitable.

C'est également cet objectif que se sont fixés les artistes s'étant réunis pour **l'exposition «Zooms urbains»**, qui peut être considérée comme complémentaire à la précédente. Elle a réuni trois artistes photographes mulhousiens: MOSTO alias Eddie Prot, Philip Anstett et le collectif URBEX FAMILY (Mia Wallas et Angélique Barys).

Le photographe MOSTO alias Eddie Prot, a surtitré ses photos avec la mention «AFTER INSTAGRAM». Il veut ainsi montrer que la photo a encore une vie après les réseaux sociaux et Instagram. Mais ce titre, se veut aussi être un écho à l'ouvrage de Philip Anstett, qui s'intitule «Before Instagram».[22]

MOSTO nous livre exclusivement des clichés en noir et blanc, ce qui produit une impression de nostalgie. Ils nous prévient avec cette inscription sur une vitre en début

---

[22] Dans le cadre de « Zooms Urbains», Philip Anstett a dédicacé son livre «Before Instagram», paru chez MEDIAPOP Éditions, au sein du *Séchoir*.

d'exposition: «Une image vaut mille mots» (Confucius). «Entendez-vous l'histoire de ces quelques images buissonnières?». Les photos les plus emblématiques de Mosto sont celles d'un homme sur un toit de verre, non loin de la Tour de l'Europe à Mulhouse, ainsi que d'anciennes cheminées d'usines. Nous découvrons également une photo de la rue des Franciscains à Mulhouse. Il a également photographié des maisons délabrées et des routes désertes dans d'autres lieux. Il a réussi aussi à merveille des portraits de personnes seules devant un bistrot, sur un escalier, devant une porte, à la fenêtre ou dans un bus. Ce sont des détails insignifiants du paysage urbain. Le photographe a voulu figer l'instant présent du paysage urbain à la recherche de souvenirs.

C'est également ce que recherchent le collectif URBEX FAMILY. Angélique Barys et Mia Wallas sont deux jeunes cousines, l'une photographe, l'autre s'intéressant à l'urbex. L'urbex étant cette exploration urbaine de lieux abandonnés, afin d'en conserver le souvenir. Elles ont ainsi photographié un ancien garage, une ancienne demeure avec beaucoup de lits, des friches industrielles, et un manoir à la verrière. Les lieux sont souvent délabrés, mais par leurs clichés, nos photographes ont réussi à leur redonner vie. En se photographiant une cigarette à la main par exemple, la mise en scène est parfaite. Cette scénographie se retrouve aussi dans l'agencement de l'exposition du *Séchoir*. On y a une ancienne petite table, une bouteille, une chemise de nuit blanche (faisant penser à un fantôme) et différents types d'appareils photo.

Philip Anstett effectue son travail, selon les principes de la citation de Garry Winogrand: «Je photographie pour voir à quoi ressemblent les choses une fois photographiées». Ancien journaliste aux Dernières Nouvelles d'Alsace, il affectionne les citations liées à la photographie comme celle d'Elliott Erwitt: «A picture must be looked at, not talked about» (Une photo doit être regardée, pas commentée) ou encore celle de Roland Barthes: «Ce que la photographie reproduit à l'infini n'a lieu qu'une fois». Philip Anstett a choisi pour l'exposition, des clichés issus de la série *Street shots*, qu'il avait déjà présenté en partie à La Filature de Mulhouse, en 2011.[23] Dans les plus grandes capitales du monde, telles que New York, Los Angeles, Rome, Berlin, Londres, il a photographié les gens «à la sauvette». Il s'intéresse à la personne, mais aussi à l'architecture.

Il a exposé une seconde série en noir et blanc, de la période «d'avant Instagram»[24], dont une photo à Arles,

---

[23] Se reporter à l'article «Les Villes invisibles se révèlent au *Séchoir*», in *Journal L'Alsace,* Mulhouse, 23 juin 2016, p. 23.

[24] Il a publié son livre «Before Instagram», recueil souvenirs de photos, paru chez MEDIAPOP Éditions en 2015.

datant des années 1980. Une sorte de retour sur le passé, une évocation nostalgique.

Bibliographie :

La sexualité comme source de création au Séchoir, article paru dans le Journal «L'Alsace», Mulhouse, 17 février 2016, p.21.

A propos des Baruya de Nouvelle-Guinée. Extraits du discours de Maurice Godelier, Journal du CNRS (hors-série de janvier 2002). Résumé par Michèle Dayras. www.sos-sexisme.org (page consultée le 18.06.2016).

«Cinq bonnes raisons d'aller au Séchoir», Journal «L'Alsace», Mulhouse, 16 avril 2016, p. 21.

«Les Villes invisibles se révèlent au *Séchoir*», Journal «L'Alsace», Mulhouse, 23 juin 2016, p. 23.

Philip Anstett : «Before Instagram», MEDIAPOP Editions, Mulhouse, 2015.

Conclusion :

Nous arrivons à la fin de notre parcours au travers des expositions du *Séchoir* jusqu'à l'été 2016. Ces diverses amorces ont mis en avant des approches artistiques, tout en y mêlant des grilles d'analyses littéraires, sociologiques et scientifiques. C'est au visiteur de construire sa propre interprétation de ce qu'il voit. J'espère que les réflexions menées ici, ont pu l'y aider. En ce sens, l'œuvre d'art est subjective. Et cette subjectivité se retrouve aussi dans notre quotidien. Tous les chemins mènent à l'art.

Je remercie particulièrement Sandrine Bringard, dont vous trouverez les photos de quelques œuvres en annexe.

Annexe

Quelques œuvres… de Sandrine BRINGARD

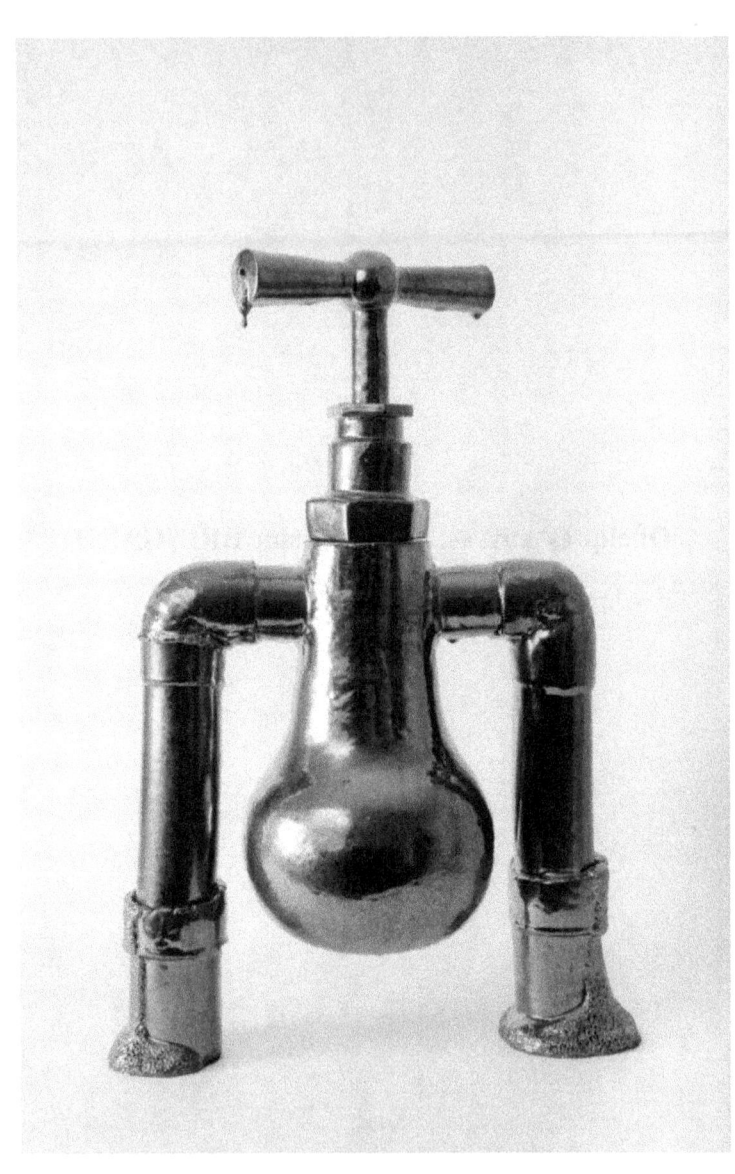

Corps tuyautique n°2, 2015, Céramique émaillée.

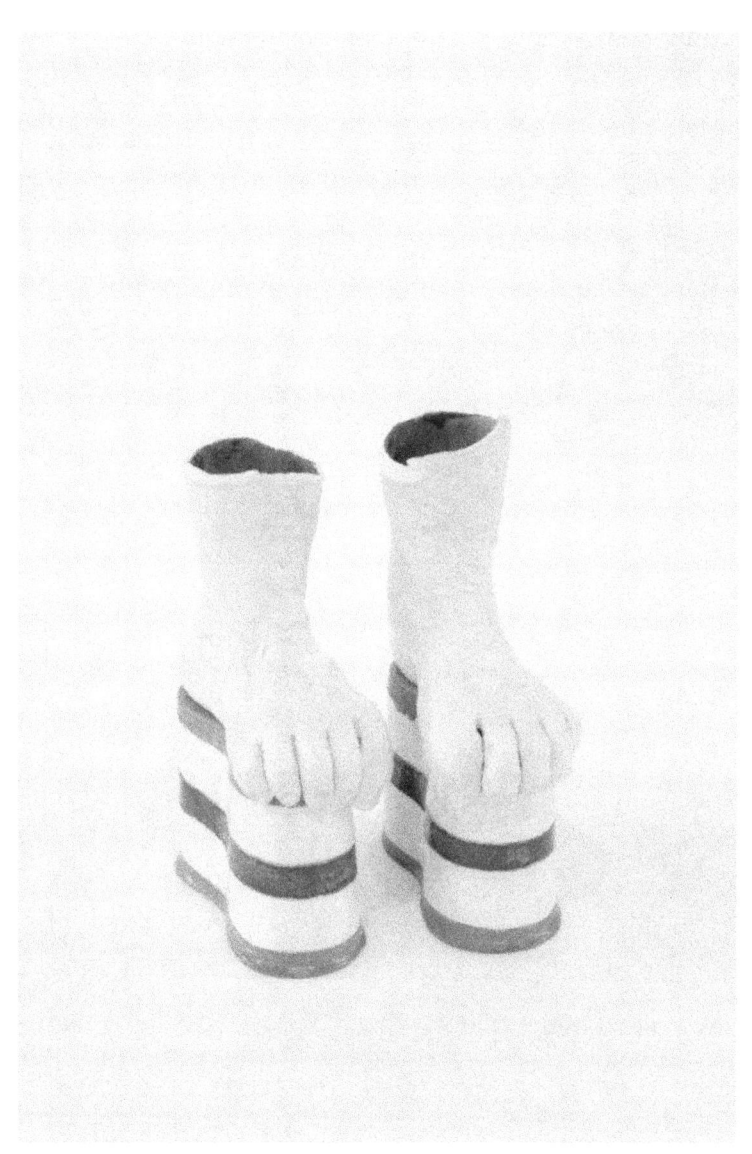

Pieds aux Pull boys, 2016, Céramique émaillée.

www.ingramcontent.com/pod-product-compliance
Lightning Source LLC
Chambersburg PA
CBHW050235230526
45470CB00005B/1967